시대의 요청

네비게이토 선교회는
국제적이며 복음적인 기독교 기관이다.
예수 그리스도께서는 자기를 따르는 자들에게
"너희는 가서 모든 족속으로 제자를 삼으라"
(마태복음 28:19)는 지상사명을 주셨다.
네비게이토 선교회는 세계 모든 국가에서
예수 그리스도의 일꾼들을 배가시켜
이 지상사명의 성취를 돕는 것을
근본 목표로 하고 있다.

네비게이토 출판사는
네비게이토 선교회의 문서 선교를 담당하고 있다.
본 출판사에서는 그리스도인의 영적 성장을 돕는
서적과 자료들을 출판하여,
그리스도인의 삶의 기초가 견고한
헌신된 제자로 성장하게 하고,
나아가 성숙한 인격과 지도력을 갖춘
일꾼이 되도록 돕고 있다.

시대의 요청

THE NEED OF THE HOUR

도슨 트로트맨

DAWSON E. TROTMAN

TO KNOW CHRIST AND TO MAKE HIM KNOWN

도슨 트로트맨은 20세 때 주님을 영접하고,
그 후 50세에 세상을 떠날 때까지 30년 동안을
'그리스도를 알고 그를 알게 하라'는
목표를 향해 매진하는 삶을 살았습니다.
그는 하나님께 큰 것을 구하고 그 응답을 보았던
믿음의 사람이었습니다.
네비게이토 선교회의 사역이 그 응답 중의 하나입니다.
이 사역은 한 사람이 도슨의 삶에서 일어난 일을
자기에게도 가르쳐 달라고 요청함으로써 시작되었습니다.

차 례

추천의 말 - 론 쎄니 ················· 7

추천의 말 - 빌리 그래함 ············ 11

시대의 요청 ························· 13

추천의 말

네비게이토 선교회의 창시자이며 회장이었던 도슨 트로트맨은 1956년 주님께 돌아갈 때, 전 세계 14개국에, 종족과 언어가 다른 개개인들에게 그리스도를 알고 그를 알게 하라는 목표를 가지고 살아가도록 도와주는, 수많은 일꾼들을 남겨 놓았습니다.

이 일은 계속되어 지금은 전 세계에서 수많은 언어로 출판된 성경 암송 및 성경 공부 교재를 가지고 선교 활동을 하고 있습니다.

네비게이토 선교회 일에 대한 책임이 갑자기 내

게로 넘어온 그날부터 지금까지 나는 이 위대한 하나님의 사람으로부터 배운 여러 원리에 대해 늘 감사하고 있습니다.

도슨은 그리스도의 지상사명과 이 지상사명을 이루기 위해 하나님께서 사용하실 수 있는 사람들을 불러일으키는 일을 위해 살았고 자신을 불살랐습니다. 어떤 사람들은 그를 평범한 지도자로 생각했고, 어떤 사람들은 기독교 규율을 엄격히 지키는 사람으로 보았으며, 또 어떤 이들은 열정적인 비전의 소유자 또는 위대한 야심가로 알았습니다. 그러나 15년간을 그의 곁에서 일해 온 나는 그를 **하나님의 말씀대로 하나님을 믿었고 하나님의 약속에 자기의 모든 것을 걸었던 사람**으로 알고 있습니다.

콜로라도스프링스에 있는, 네비게이토 본부이며 훈련 센터인 글렌에리에서 간사들과 훈련생들에게 한 그의 마지막 메시지 중 하나에서, 도슨은 자신이 '시대의 요청,' 곧 이 시대의 진정한 필요로 여기고 있는 바를 이해하기 쉽게 설명하고 있습니다. 하나님께서 당신에게 더 큰 믿음을 가지도록 도전하시기를 기대하면서 이 책을 읽기 바랍니다.

론 쎄니

추천의 말

네비게이토 선교회의 창시자 도슨 트로트맨이야말로 내가 알고 있는 어느 누구보다 많은 사람의 생애를 변화시켜 준 사람이라고 생각합니다. 민족과 언어와 문화가 다른 수많은 사람들이 이 위대한 사람의 영향을 받았습니다.

여러 번 도슨과 나는 사람들이 가장 믿을 만한 친구들끼리만 서로 나눌 수 있는 솔직하고 깊은 대화를 나누었습니다. 나는 가끔 그의 조언을 청하였습니다.

도슨은 놀라운 비전을 가지고 있었던 사람이었

습니다. 우리의 하나님이 작을 때 세상은 크게 보입니다. 그러나 우리의 하나님이 클 때 세상은 작게 보입니다.

도슨은 그리스도를 위하여 세상을 정복할 수 있다고 믿었습니다. 하나님께서 함께하심을 알았을 때 도슨에게는 착수하지 못할 어떤 계획, 어떤 사업도 없었습니다. 그의 하나님은 컸고 세상은 작았습니다.

그는 항상 사람들을 그리스도께 인도하기 위하여 새로운 수단과 방법들을 생각하고 계획하며, 그리고 실행에 옮기고 있었습니다. 그는 여러 불리한 조건과 환경, 장벽을 초월하여 앞을 내다볼 줄 아는 영적 상상력을 지니고 있었습니다. 그는 그리스도를 위하여 큰일을 계획하였습니다.

빌리 그래함

시대의 요청

이 시대의 요청이 무엇입니까? 이 시대의 진정한 필요가 무엇입니까? 그것은 사람에 따라 각각 다를 것입니다. 만일 길을 걷다가 빈 깡통을 든 거지를 만났다면 그때 가장 필요한 것은 무엇이겠습니까? 동전 한 닢입니다. 급히 병원으로 옮겨지고 있는 부인이 있다면 그때 그 부인에게 가장 필요한 것은 무엇입니까? 의사입니다.

그러면, 주님의 사업에 있어서 '이 시대의 요청'은 무엇입니까? 우리가 종종 이 시대의 진정한 필요라고 생각하는 것, 다시 말해 '이것만 있으면 어려

움이 없겠다' 하는 것들을 열거해 보겠습니다.

어떤 이들은 말합니다. "우리에게 더 많은 간사가 있었으면…." 좀 더 많은 수의 간사가 해결책입니까? 오늘날 많은 목사님들이 부목사를 두기를 원하고 있습니다. 또 많은 선교 단체들이 더 많은 선교사를 확보하려고 합니다. 선교지에서 돌아온 선교사들의 한결같은 호소는 보다 많은 수의 선교사가 그 지역에 필요하다는 것입니다.

또 어떤 이들은 말합니다. "우리에게 일꾼은 더 이상 필요하지 않다. 그렇지만 만일 우리에게 좀 더 좋은 시설이 있다면…, 우리에게 좀 더 많은 사무실과, 좀 더 많은 건물과, 좀 더 넓은 땅과, 선교 기지가 될 만한 시설만 있다면…, 그러면 일을 더 잘할 수 있을 텐데…."

세계의 어느 지역에서는 통신수단이나 더 편리한 교통수단이나 또는 더 나은 의료 설비가 부족하다고 합니다. 많은 선교지에서 이 시대의 요청은 오로지 라디오라고 합니다. 그러나 그것이 해결되면 또 다른 필요를 발견하게 되고, 그 후에도 또 다른 것이 필요하게 되고, 그 후에도 계속해서 또 다른 필요를 느끼게 되는 것입니다. 많은 사람들은 문서가 필요하다고 생각합니다. 나는 전 세계를 여행하면서 "문서가 필요하다"는 말을 곳곳에서 듣습니다.

"우리가 그곳에 갈 수만이라도 있다면…" 하고 말하는 사람도 있습니다. 네팔 변경에 있는 사람들은 수년 동안 "우리가 그곳에 들어갈 수만이라도 있다면…" 하고 말하고 있습니다. 그들에게 있어서 현재의 필요는 네팔의 문호 개방입니다. 또 지금 수많은 사람들이 "우리가 중국에 들어갈 수만 있으면 좋을 텐데…"라고 말합니다. 성경에 이르기를 "나의 하나님이 너희 모든 쓸 것을 채우시리라"(빌립보서 4:19 참조)고 했습니다. 만일 중국의 문이 열리는 것이 이 시대의 요청이라면 왜 하나님께서 허

락하시지 않겠습니까? "거룩하고 진실하사 다윗의 열쇠를 가지신 이, 곧 열면 닫을 사람이 없고 닫으면 열 사람이 없는 그이가 가라사대… 내가 네 앞에 열린 문을 두었으되…"(요한계시록 3:7-8).

바울은 길이 막히는 것을 경험했습니다. 그러나 길이 막히는 것이 그에게 문제가 되지 않았습니다. 나는 하나님께서 닫힌 문을 통해서 그가 원하시는 곳을 바울에게 알리셨고 바울이 다음으로 가야 할 곳으로 인도하셨다고 믿습니다. 만일 하나님께서 오늘밤에라도 중국 대륙의 문을 열기를 원하신다면, 48시간 내로 열어 주실 수도 있다고 믿습니다.

어떤 이들은 말합니다. "우리는 시간이 없어. 우리에게 시간적 여유가 있다면…" 또 어떤 이들은 "내가 이렇게 늙지만 않았어도…, 내가 다시 젊어질 수만 있다면…" 하고 말합니다. 나는 이런 이야기를 들은 적이 있습니다. "도슨, 만일 지금 내가 알고 있는 것을 젊었을 때 미리 알았더라면, 하나님을 위해서 수백 배의 일을 할 수 있었을 텐데…. 왜 내가 그것을 몰랐는지 모르겠어."

때로는 현재 가장 필요한 것이 돈인 것처럼 생각될 때가 있습니다. "우리에게 돈만 많다면 더 많은 간사를 확보할 수 있고, 시설의 확충이나, 문서, 통신, 수송 등 모든 문제가 해결될 수 있을 텐데…. 우리에게 돈만 있다면…."

시대의 요청은 무엇입니까? 이 시대의 진정한 필요는 무엇입니까? 솔직히 말해서 나는 이제까지 열거한 것들은 시대의 요청이 아니라고 생각합니다. 나는 우주를 창조하신 하나님께서 이 세상을 주관하고 통치하고 계시기 때문에 그분은 이러한 우리의 모든 필요를 그분의 때에, 그분의 방법으로, 그분의 선하신 뜻을 따라 해결해 주실 것을 확신합니다.

자, 이제 내가 시대의 요청이라고 생각하는 것

을 말씀드리겠습니다. 나는 이것이 이 시대의 필요에 대한 해결책이라고 말하고 싶습니다. 이 시대의 요청은 예수님께서 하나님이신 것을 믿을 뿐 아니라, 그분은 약속하신 모든 것을 이행하실 수 있으며, 그분에게는 불가능이 없다는 것을 믿는, 예수 그리스도의 군사로 헌신한 무리들이라고 믿습니다. 이런 사람들을 통해서만 그분의 마음에 있는 것, 즉 모든 족속에게 복음을 전파하는 것을 실현할 수 있습니다.

1948년에 나는 6일간 독일을 방문했습니다. 나는 전 유럽의 군종감이었던 폴 메독스 대령과 가까이 지내는 사이여서, 그가 사령관에게 추천하여 독일에 입국했던 것입니다. 나는 3일 동안의 모임을 위해 50명의 독일 사람들을 초청했는데 그중 25명이 응했습니다. 나는 매일 저녁 세 시간씩 그들에게 말씀을 전하면서 주님의 지상사명을 소개하고 독일 사람들에게 필요한 것은 단지 복음을

들을 뿐만 아니라 그들 스스로 선교사를 파송하여 이 명령에 순종하는 것이라고 설명했습니다.

나는 모임 중에 그들에게 질문할 수 있는 기회를 주었는데 손을 드는 사람들이 있었습니다. 나는 주님께서 "예루살렘으로부터 시작하여 땅 끝까지 이르러 모든 족속으로 제자를 삼으라"고 말씀하시며 제자들의 마음에 심어 주신 바로 그 비전을 그들의 마음에 심어 주려고 노력했습니다. 한 독일인이 말했습니다. "그렇지만 트로트맨 씨, 당신은 우리 독일의 사정을 이해하지 못합니다. 이 방 안에 있는 우리 중에는 구약성경이 없어서 신약성경만 가지고 있는 사람들도 있습니다." 나는 이렇게 대답했습니다. "예수 그리스도께서 이 명령을 하실 때는 신약성경도 없었습니다."

잠시 후 어떤 사람이 말했습니다. "그렇지만 트로트맨 씨, 우리나라에는 좋은 전도용 책자들이 거의 없습니다. 미국에는 그런 것들이 많지 않습니까?" 나는 그에게 물었습니다. "제자들에게는 그런 책들이 몇 권이나 있었습니까?"

얼마 후 다른 사람이 물었습니다. "미국에서는 언제든지 라디오를 통해서 복음을 들을 수 있다던데, 그것이 사실입니까?" 나는 "네"라고 대답했습니다. 그가 말했습니다. "우리도 그런 방송이 있으면 좋겠습니다. 우리나라에는 라디오에서 복음을 전해 주는 프로그램이라고는 하나도 없습니다." 나는 대답했습니다. "제자들은 라디오를 들어 본 적도 없습니다."

그들이 말했습니다. "당신들은 자동차가 있지만 우리들은 자전거를 타고 다닙니다." 나는 그들에게 상기시켜 주었습니다. "제자들에게는 자전거도 없었고, 예수님께서도 빌려 온 나귀를 타셨습니다."

이제 이러한 질문들이 연달아 나오지는 않았지만 함께 9시간을 얘기하는 동안 계속 질문들이 나왔습니다. 마침내 한 사람이 말을 꺼냈습니다. "미국에는 돈이 있지 않습니까? 나는 하루 12시간 일을 하고도 60센트밖에 벌지 못합니다. 우리에게는 돈이 없습니다." 나는 대답했습니다. "제자들은 돈도 없이, 설교 원고도 없이 파송되었습니다."

온갖 종류의 핑계들이 튀어나왔습니다. "우리에게는 이것이 없다." "우리에게는 저것이 없다." "우리에게는 건물이 없다." "우리에게는 시설이 없다." 그때마다 나는 이렇게 대답했습니다. "열두 제자들에겐 아무것도 없었지만, 그러나 예수님께서는 그들을 파송하셨습니다."

마지막으로 뒤쪽에서 다른 사람보다 나이가 좀 들어 보이는 한 사람이 일어나서 쓴 표정을 지으며 말했습니다. "트로트맨 씨, 당신네 나라에는 점령군이 진주한 적이 한 번도 없지 않습니까? 거리를 배회하는 외국 군인들을 볼 때 우리의 심정이 어떻다는 것을 당신은 잘 모릅니다. 우리는 정신까지 지배받고 있는 형편입니다." 나는 대답했습니다.

"제자들은 예수 그리스도와 같은 때에 살았습니다. 당시에도 그들의 정신은 그들의 것이 아니었습니다. 로마 제국 군인들의 지배를 받고 있었으니까요."

그때 나는 예수님께서는 그보다도 더 어려울 수 없는 상황 속에서 열두 제자를 파송하셨던 것을 깨닫기 시작했습니다. 인쇄 시설도, 자동차도, 라디오도, 텔레비전도, 전화도, 건물도, 단 하나의 교회도, 제복도, 사무실도… 아무것도 없었습니다. 심지어는 조그만 배지 하나도 제자들에게 남겨 주시지 않았습니다.

예수 그리스도께서는 그들에게 수행해야 할 사명만을 맡기셨습니다. 그러나 그 사명을 주시면서 주님께서는 "하늘과 땅의 모든 권세를 내게 주셨으니, 그러므로 너희는 가서… "라고 말씀하셨습니다. '그러므로'란 말이 무슨 뜻입니까? 그것은 '나는 너희에게 명령할 권세가 있고, 너희가 완전히 승리

할 수 있도록 도와줄 권세가 있다'라는 뜻입니다. 그분은 하늘과 땅의 모든 권세를 가지신 분입니다. 하늘에서의 모든 권세뿐만 아니라 땅의 모든 권세도 가지셨습니다. 부분적인 권세가 아니라 모든 권세를 가지신 분입니다. 다시 말하면 로마 제국이나 공산주의자들을 지배하는 권세를 가지신 분이라는 뜻입니다.

일찍이 예수 그리스도께서는 이들 적은 무리에게, "내가 진실로 진실로 너희에게 이르노니, 나를 믿는 자는…" 어떻게 하는 자라고요? "나를 믿는 자는 나의 하는 일을 저도 할 것이요, 또한 이보다 큰 것도 하리니"(요한복음 14:12)라고 말씀하셨습니다. 여러분은 이 말씀이 진실이라고 믿습니까? 아니면, '그럴 수가 있을까?' 하고 잠시 의심을 하게 됩니까? 과연 하나님의 아들로서 인간에게 "나의 하는 일을 저도 할 것이요, 또한 이보다 큰 것도 하리니"라고 말씀하실 수 있겠습니까?

나는 많은 훌륭한 그리스도인들이 그들의 삶 가운데서 좀 더 큰일을 성취하지 못하는 이유는, 그들이 예수님의 말씀을 그대로 믿지 않기 때문이라 생각합니다. 그들은 그들에게 사명을 주신 분이 그들에게 그런 큰일을 할 수 있도록 힘 주시는 전능하신 하나님이시라는 사실을 도무지 믿으려 하지 않습니다. 주님께서 마지막으로 하신 말씀은 "모든 권세가 내게 주어졌다. 이제 내가 너희에게 명령한다. 가서 모든 족속에게 가르쳐 모든 사람으로 하여금 말씀을 듣게 하라"고 하신 것입니다.

자, 여러분, 생각해 보십시오. 우리는 인쇄 시설이나, 라디오나, 비행기나, 현대 의약품을 사용하면서도 이 일이 이루어지기 힘든 일이라고 생각합니다. 초대 교회의 제자들은 이런 문제에 대해 어떻게 생각하였을까요? 바울은 로마 사람들에게 편지하기를 "첫째는 내가 예수 그리스도로 말미암아 너희 모든 사람을 인하여 내 하나님께 감사함은 너희 믿음이 온 세상에 전파됨이로다"(로마서 1:8)라고 말했습니다. 그는 또 데살로니가 교회에 편지하면서 "이는 우리 복음이 말로만 너희에게 이른 것이 아니라 오직 능력과 성령과 큰 확신으로 된 것이니…"(데살로니가전서 1:5)라고 말했습니다. 당시 데살로니가 사람들은 베뢰아 사람들만 못했는데도 사도 바울은 "주의 말씀이 너희에게로부터 마게도냐와 아가야에만 들릴 뿐 아니라 하나님을 향하는 너희 믿음의 소문이 각처에 퍼진 고로…"(데살로니가전서 1:8)라고 데살로니가 사람들에게 말했습니다.

어떻게 복음이 전파되었습니까? 전화나 텔레비전에 의해서가 아니라 사람들에 의해 전파되었습니다. 그것이 그들이 사용했던 유일한 방법이었습니다. 무척이나 단순했습니다. 믿는 사람들이 믿지 않는 사람들에게 전했던 것입니다. '내가 보고 들은 것을 말하지 않을 수 없다'(사도행전 4:20 참조)

는 것이 바로 강력한 힘이었습니다. 그것만이 이 복음이 전파되는 방법이었고, 또 그 방법에 의하여 전파되었던 것입니다. 그들에겐 인쇄 시설이나 책자들이 필요 없었습니다.

한때 영국에서 성경공부 책자와 암송 교재가 정말로 필요한 때가 있었습니다. 그것을 공부하던 사람들은 처음엔 그 가치를 몰랐지만 공부를 계속해 갔을 때 그들 중 많은 사람이 그 필요성을 느끼기 시작했습니다. 웸블리 광장에서 빌리 그래함 전도 집회가 있던 어느 비 오는 밤에 300명이 초청에 응하여 앞으로 나왔습니다. 두 목사님이 내게 달려왔습니다. "트로트맨 씨, 트로트맨 씨, 책자가 모자랍니다! 어떻게 하면 좋겠습니까?" 나는 "걱정 마십시오. 아마 오순절 때도 그런 것이 모자랐을 것입니다"라고 대답했습니다. 그들은 잠시 나를 쳐다보다가 내 말의 진의를 깨닫고 "그렇군요"라고 대답했습니다.

문제에 대한 해결책은 사람입니다. 자료가 아닙니다. 아마 오늘날 우리가 직면하고 있는 가장 심각한 문제는 입에서 귀로, 마음에서 마음으로 전달해야 할 것들을 인쇄물의 형태로 만들려고 하는 것인지도 모릅니다. 우리가 책자를 강조하지 않으니까 사람들은 그 이유를 이해하지 못합니다. 책자들은 도구에 불과합니다. 도구 자체만으로는 아무 쓸 데가 없습니다. 만일 여기에 대수술을 할 수 있는 모든 최신 도구를 갖춘 풋내기 젊은 의학도와 수술칼 하나와 바늘 한 개에 약간의 실만을 가지고 있는 노련한 의사가 있다고 합시다. 나라면 모든 필요한 도구를 충분히 갖춘 젊은이에게보다는 수많은 수술 경험이 있는 의사에게 수술을 받겠습니다. 여러분은 어떻게 하시겠습니까? 도구가 중요한 것이 아니라 어떤 사람이 도구를 사용하느냐가 중요한 것입니다.

  여러분, 시대의 요청이 무엇입니까? 내가 시대의

요청이 무엇인가를 말씀드리겠습니다. 그것은 우리의 하나님께서 우주를 주관하고 계신 것을 믿고 "대저 물이 바다를 덮음같이 여호와의 영광을 인정하는 것이 세상에 가득하리라"(하박국 2:14) 하신 말씀이 그대로 될 것을 믿는 것입니다. 바로 그것입니다. 이 말씀은 그대로 이루어지고 있는 것입니다. 이 세상은 하나님의 영광을 인정하는 것으로 가득 차게 되고야 말 것입니다!

오늘날 많은 문명국가에서 살고 있는 수많은 사람들이 라디오, 문서, 선교 기관, 빌리 그래함 전도 집회 등을 통하여 예수 그리스도에 대해 알고 있습니다. 그러나 그들은 주님에 대하여 알고 있을 뿐 주님을 알고 있지는 않습니다. 주님께서는 "대저 물이 바다를 덮음같이 여호와의 영광을 인정하는 것이 세상에 가득하리라"고 말씀하셨습니다. 물이 바다를 얼마나 덮고 있습니까? 여러분은 바다의 구석구석마다 물이 가득 차 있다고 생각지 않습니까? 그렇습니다. "물이 바다를 덮음같이"라는 말보다 더 정확한 비유는 없습니다. 그것은 세계 방방곡곡의 모든 국가와 민족과 각종 언어를 가진 사람들이 예수 그리스도와 그분의 영광에 대하여 듣게 될 것을 뜻하고 있습니다.

시대의 요청이 무엇입니까? 그것은 우리 주 하나님께서 **통치하신다는** 것을 믿는 것입니다. 여러분이 농작물에 비가 필요하다고 생각하기 때문에 비가 오는 것이 아닙니다. 필요한 때에 하나님께서 내리시는 것이 아닙니까? 하나님께서 내려 주시는 것이 아니라면 여러분은 어떻게 "하나님, 감사합니다"라고 말할 수 있겠습니까? 감사는 주님께서 원하시는 것입니다. "범사에 감사하라. 이는 그리스도 예수 안에서 너희를 향하신 하나님의 뜻이니라"(데살로니가전서 5:18).

여러분께 필요한 것 중 하나님께서 공급하실 수 없는 것은 없습니다. 지식이 필요합니까? 능력이 필요합니까? 하나님께서는, 강하지만 하나님께 순종하지 않고 하나님을 의뢰하지 않는 사람을 통해서보다, 비록 약할지라도 하나님께 순종하고 하나님을 의뢰하는 사람을 통해서 더 큰 일을 하실 수 있습니다. "하나님의 약속은 얼마든지 그리스도 안에서 예가 되니, 그런즉 그로 말미암아 우리가 아멘 하여 하나님께 영광을 돌리게 되느니라"(고린도후서 1:20).

나는 글렌에리에 오는 모든 남녀들이 "하나님, 저는 저의 부족으로 말미암아 주님의 역사가 가리어지는 일이 결코 없도록 하겠습니다"라는 결심을 마음 깊이 간직하고 돌아가기를 바랍니다. 나는 여러분이 우리가 여러분에게 전하는 어떤 방법이나 자료 또는 아이디어를 얻어 가지고 가기보다 여러분 마음 가운데 이런 결심을 간직하고 떠나기를 바랍니다. 왜냐하면 나는 "주님, 나는 나의 하나님께서 통치하시는 것을 믿습니다"라고 해마다, 달마다, 날마다, 순간순간마다 고백하는 사람의 놀라운 잠재력을 알고 있기 때문입니다.

자, 들어 보십시오. 여러분은 한 가지씩 핑계를 갖고 있습니다. 한 가지가 아니라 수백 가지 핑계가 있겠지요. 그러나 그것이 우리의 발전을 막는 것이 아닙니다. 우리의 발전을 막는 것은 하나님께서 통치하신다는 사실을 삶에서 믿지 않고 또 가르치지 않는 것입니다. 주님께서 역사하시면 필요한 모든 것, 심지어는 교통수단까지도 해결될 수 있습니다.

1948년 인도로 가는 도중 홍콩에 머물렀을 때 팬아메리카 항공사의 비행기가 너무 연착하고 있던 관계로 방콕에서 바꿔 탈 비행기를 놓치게 되었습니다. 나는 승무원에게 캘커타(지금의 콜카타)로 갈 수 있는 방법이 있는지 문의해 보았으나 전혀 불가능하다고 대답했습니다. 그때 다른 승무원이 "이 비행기는 캘커타로 비행하라는 지시를 받고 있지만 규정상 현재의 조종사들로는 갈 수가 없습니다"라고 말했습니다. 그래서 나는 "주님, 주님께서도 캘커타에서 있을 모임에 대하여 잘 알고 계십니다. 그리고 제가 그곳에 갈 수 있도록 하는 것이 주님께는 아주 쉬운 일입니다"라고 기도했습니다.

우리가 방콕에 도착했을 때 방송 지시가 들려왔습니다. "이 비행기를 캘커타로 운행할 조종사가 이곳에 없습니다. 현재 탑승 중인 조종사들에게 운항 명령이 내려졌습니다."

거대한 DC-6 기내에 탑승객이라곤 네 명뿐이었고, 나 이외의 세 사람은 3일 이내에 인도로 갈 필요는 없었습니다. 나는 제시간에 그 모임에 참석했고, 그 모임의 결과 네팔에서 온 한 사람이 주님께로 돌아왔는데, 그 사람은 나중에 히말라야 산중의 폐쇄된 나라 네팔에 복음을 전하는 중심인물이 되었습니다.

내가 알고 있기로 시대의 요청은, 하나님께서는 하나님이시며, 주님의 지상사명을 성취하는 데 여러분과 나보다 더 큰 관심을 가지신 분이라는 사실을 믿는 것입니다. 그러므로 만일 하나님께서 그 일을 수행하는 데 더 큰 관심을 갖고 계시며, 모든 능력을 가지신 분으로서 우리에게 이 사명을 위임하셨다면, 주님께 순종하여 주님을 위해 땅 끝까지 가며 주님의 도우심을 받아 이 일을 하는 것만이 우리의 해야 할 일입니다.

주님께서 제자들에게 "너희는 겨우 열한 명뿐이고 시설과 교통수단도 없으니까 내가 너희들에게 바라는 것은 그저 예루살렘에서나 복음의 불을 붙이는 것이다"라고 안일하게 말씀하실 수도 있었겠지만 그렇게 말씀하지 않으셨습니다. 남부 인도 지방의 신자들은 사도 도마가 예수 그리스도를 믿고 땅 끝(인도)까지 이르러 주님을 섬긴 것을 다행으로 여기고 있습니다. 인도 남부에서 가장 큰 교회인 마토마 교회가 1900여 년 전 이 사도의 사역에 의하여 세워졌다고 전해지고 있습니다. 도마가 예수 그리스도께 "제겐 아직 DC-6 비행기가 없습니다"라고 말씀드리지 않은 사실이 대단하지 않습니까?

"너희는 예루살렘이나 유대나 사마리아나 외국에서 내 증인이 되리라"고 하지 않으셨습니다. "오직 성령이 너희에게 임하시면 너희가 권능을 받고 예루살렘과 온 유대와 사마리아와 땅 끝까지 이르러 내 증인이 되리라"(사도행전 1:8)고 말씀하셨습니다.

여러분이 목사라면 여러분 교회 교인들의 목자가 될 책임이 있습니다. 동시에 여러분은 외국에 있는 사람들에 대해서도 책임이 있습니다. 여러분은 관심을 가져야 합니다. 여러분이 외국에 직접 나가서 예수 그리스도를 전하지 않아도 되는 유일한 이유는 여러분의 도시와 여러분의 나라와 나아

가서 땅 끝까지 이르러 주 예수 그리스도를 사랑하고 섬기는 사람이 되도록 평신도들을 훈련하고 있기 때문입니다.

끝으로 네비게이토 초창기의 이야기를 하나 하겠습니다. 나는 자주 세계 지도를 펴 놓고 기도했습니다. 호주와 뉴질랜드, 오키나와, 대만 등 몇몇 섬들 위에 손가락을 짚어 가며 기도했습니다. "주님, 제가 이 섬들에서도 사람들을 주님께로 인도할 수 있도록 해주십시오." 나는 어떤 설교를 듣고 도전을 받아 이것을 시작한 것은 아닙니다. 예레미야 33:3의 말씀을 통해서 시작했습니다. "너는 내게 부르짖으라. 내가 네게 응답하겠고 네가 알지 못하는 크고 비밀한 일을 네게 보이리라." 바로 앞 장에서 예레미야는 하나님께 부르짖기를 "슬프도소이다, 주 여호와여. 주께서 큰 능과 드신 팔로 천지를 지으셨사오니 주에게는 능치 못한 일이 없으시니이다"(예레미야 32:17)라고 하였습니다. 열 구절 뒤에 하나님께서는 예레미야에게 "나는 여호와요 모든 육체의 하나님이라. 내게 능치 못한 일이 있겠느냐?"(27절)라고 말씀하십니다. 그리고 조금 후에는 다시 "좋다. 만일 네가 나를 믿거든 내게 구하라. 내가 응답하리라"라고 하십니다.

어느 날 나는 친구에게 물었습니다. "자네, 이 말씀을 믿나?" "그럼" 하고 그가 대답했습니다. 나는 다시 말하기를 "나도 믿어. 하지만 나는 크고 비밀한 일을 보지는 못했어. 그래서 보기를 원해." 그렇게 해서 우리는 매일 아침 기도회를 갖기 시작했습니다. 우리는 지정된 장소에서 불을 피워 놓고 5시 정각부터 기도하기 시작하였습니다. 5시 1분이 아닙니다. 정각에 만나기로 약속을 했습니다. 평일에는 두 시간씩 기도했지만 주일날은 4시부터 만나서 주일학교에 나오는 학생들을 위해서 한 사람씩 한 사람씩 이름을 불러 가며 기도했고, 주일학교를 위해서도 기도했습니다. 우리는 하버시티, 토

런스, 롱비치, 샌피드로, 로스앤젤레스, 패서디나, 또한 "와서 어떻게 아이들을 가르치는지 가르쳐 달라"고 요청해 오는 주위의 여러 도시를 위해서 기도했습니다.

제3주와 제4주에는 샌프란시스코, 오클랜드, 시애틀, 포틀랜드 등 서해안의 도시들을 위해 "주님, 이곳에서도 저희들을 사용해 주십시오"라고 기도하기 시작했습니다. 4,5주 만에 우리는 미국의 모든 주를 위해 기도하게 되었습니다. 각 주들을 열거하면서, "주님, 이 주에서 젊은이들을 주님께로 인도하도록 저희들을 사용해 주십시오" 하고 기도했습니다. 매일 아침마다 우리들은 미국의 48개 주 하나하나를 위해 기도했습니다. 약 6주 후 함께 하던 친구가 이런 말을 꺼냈습니다. "만일 하나님께서 우리를 48개 주 전역에서 사용하실 수 있다고 믿는다면 더 큰 기도를 하는 것이 어때?"

그래서 우리는 세계 지도를 하나 구해서 파로스

버데스 언덕에 걸어 놓았습니다. 아침마다 우리는 이 낡은 지도를 펴 놓고 중국과 일본과 한국에서도 우리를 사용해 주시도록 주님께 기도했습니다. 42일쯤 지나 나는 마음의 짐이 덜어지는 것 같았습니다.

우리는 주님께 우리를 사용해 달라는 기도를 그치고 주님께서 우리를 통해서 하실 위대한 일에 대하여 감사하기 시작했습니다. "믿음은 바라는 것들의 실상이요…"(히브리서 11:1)라고 했습니다. 실상이란 말은 사실이란 뜻입니다. 그것은 사실입니다. 그것은 여러분이 믿을 수 있는 것입니다. 믿음은 들음에서 나며 들음은 그리스도의 말씀으로 말미암습니다(로마서 10:17). 우리는 말씀에 나타난 약속들을 주장하며 기도했습니다. 약속들을 벽돌에 비유한다면 기도는 그 벽돌들을 함께 결합시키는 시멘트였습니다.

42일 후 우리는 기도회를 중단했습니다. 이틀 후

나는 병원에 입원했고 일주일간 병상에 누워 있는 동안 생각할 시간이 많이 있었습니다. 그때 민병대(The Minute-Man)[1]에 대한 아이디어가 떠올랐고 그것으로 인하여 네비게이토 사역이 시작되었던 것입니다.

3,4년 후 나는 거실의 탁자 서랍을 정리하다가 "오리건의 워싱턴"이라고 적힌 작은 자주색 카드를 발견했습니다. 다른 서랍에서 나온 카드에도 이름들이 적혀 있었습니다. 일리노이의 레스 스펜서, 텍사스의 존 데드릭, 아칸소의 거니 해리스, 위스콘신의 에드 구드릭… 나는 3,4년 동안에 48개 주에서 모두 한 명 이상씩 주님께로 돌아온 것을 발견했습니다. 하나님께서는 우리의 기도에 응답하셨고, 이 사람들은 제자 훈련을 받고 있었습니다. 그 후 나는 세계를 생각하게 되었습니다. "주님, 왜 제가 이 일에 참여할 수 있게 허락해 주셨습니까?"

---

1. The Minute-Man : 독립 전쟁 때에 언제나 즉시 응소하도록 준비되어 있던 민병(民兵).

여러분도 이 일에 참여해야 합니다. 그 까닭은 무엇입니까?

"하늘과 땅의 모든 권세가 내게 속해 있다. 또한 그것은 너희가 사용할 수 있다. 그러므로 너희는 가서 모든 족속으로 제자를 삼으라." 이 말씀은 특권일 뿐만 아니라 명령이기도 합니다. 우리는 주님의 말씀 그대로 '모든 족속'에게로 가야 합니다.

하나님께서는 여러분이 한 개의 섬을 차지하기를 원하시는 것이 아니라 온 세계를 차지하기를 원하십니다. 여러분은 하나님께 무엇을 구하고 있습니까? 여러분은 무엇을 원하십니까? 여러분은 몇몇 사람을 주님께로 인도하기를 원하십니까? 물론 여러분은 소수로부터 시작해야 하고, 또 그것을 성공적으로 해내야 합니다.

여러분은 성공할 수 있습니다. 왜냐하면 예수님께서 "나를 따라오너라. 내가 너희로 사람을 낚는 어부가 되게 하리라"(마태복음 4:19)고 말씀하셨기 때문입니다. 예수님을 따랐던 사람 중에 사람 낚는 어부가 되지 못한 사람은 한 사람도 없었습니다. 그분은 약속하신 것을 반드시 이루십니다. 만일 여러분이 사람을 낚고 있지 않다면 여러분은 주님을 따르고 있는 것이 아닙니다. 여러분이 다섯 명을 인도하려면 먼저 한 명을 인도해야 합니다. 여러분이 500명을 인도하려면 먼저 다섯 명을 인도해야 합니다. 세계가 여러분의 앞에 있습니다. 여러분의 믿음은 얼마나 큽니까?

시대의 요청이 무엇입니까? 그것은 예수 그리스도께서 원하시는 것을 원하며, 자기들에게 부탁하신 일을 할 수 있는 능력을 주님께서 주실 것을 믿는 사람들입니다. 세상의 아무것도 이러한 사람들을 막지 못합니다. 여러분은 그것을 믿으십니까? 여러분도 그들 중의 하나가 되기를 원하십니까? 될 수 있습니다. 그러나 여러분은 기도해야 합니다. "너는 내게 부르짖으라. 내가 네게 응답하겠고, 네가 알지 못하는 크고 비밀한 일을 네게 보이리라."

몇 년 전 내가 대만을 위해 기도할 때는 지금 내가 대만에서 보는 것을 상상조차 할 수 없었습니다. 그러나 이러한 기도가 하나님께서 이루어지리라고 약속하신 것을 이루시는 방법입니다. 그러므로 여러분, 기도할 때 큰 것을 구하십시오!

개인 적용

이 책을 읽는 동안 하나님께서 당신에게 개별적으로 말씀해 주시는 것에 초점을 맞추기 위하여 자신에게 다음 질문들을 해보십시오.

(1) 내가 따라야 할 **본**이 있는가?
(2) 내가 순종해야 할 **명령**이 있는가?
(3) 내가 피해야 할 **잘못**이 있는가?
(4) 내가 버려야 할 **죄**가 있는가?
(5) 내가 주장해야 할 **약속**이 있는가?
(6) 하나님에 대한 **새로운 지식**이 있는가?

(개인 적용 기록란)

* 네비게이토 소책자 시리즈 *

1. 성경암송을 통하여 주님께로 돌아오다 ······················· 도슨 트로트맨
2. 시대의 요청 ··· 도슨 트로트맨
3. 재생산을 위한 출생 ·· 도슨 트로트맨
4. 수레바퀴 예화 ··· 네비게이토
5. 일대일 사역 ·· 잭 그리핀

6. 제자의 특징 ·· 론 쎄니
7. 하나님의 뜻을 아는 법 ·· 러쓰 존스톤
8. 기도의 하루를 보내는 방법 ·· 론 쎄니
9. 기도 응답을 받는 방법 ·· 제리 브릿지즈
10. 경건한 여인 ·· 라일라 스팍스

11. 전도를 즐기는 삶 (영문판: A Life That Enjoys Evangelism) ······ 하진승
12. 섬김을 위한 부르심 ··· 레이 호
13. 정 직 ··· 헬렌 애쉬커
14. 그리스도를 닮아감 ·· 짐 화이트
15. 최후의 승리를 얻기까지 ·· 월터 헨릭슨

16. 전도의 열정 ··· 로버트 콜만
17. 영적인 의지력 ·· 제리 브릿지즈
18. 사고방식의 변화 ··· 조지 산체스
19. 대인 관계의 성서적 지침 ·· 조지 산체스
20. 말씀의 손 예화 ·· 네비게이토

21. 열 심 (영문판: ZEAL) ··· 하진승
22. 원만한 결혼 생활 ··· 잭 & 캐롤 메이홀
23. 조지 뮐러 ·· A. 심즈
24. 말씀 중심의 삶 ·· 하진승
25. 주제별 성경 암송 제1권 ·· 네비게이토

26. 주제별 성경 암송 제2권 ·· 네비게이토
27. 주제별 성경 암송 제3권 ·· 네비게이토
28. 서로 돌아보아 ·· 하진승
29. 양 육 ··· 네비게이토
30. 경건이란 무엇인가 ·· 제리 브릿지즈

31. 권위와 복종 ·· 론 쎄니
32. 고난 중 도우시는 하나님 ··· 샌디 에드먼슨
33. 기도의 특권을 누리자 ·· 하진승
34. 은혜로운 말 ·· 캐롤 메이홀
35. 하나님을 의뢰함 ··· 제리 브릿지즈

36. 친밀한 부부 관계의 원리 ··································· 짐 & 제리 화이트
37. 배우는 자로 살자 (영문판: Live as a Learner) ····················· 하진승
38. 합력하여 선을 이루시는 하나님 ································ 리처드 크렌즈
39. 고난 중의 소망 ··· 덕 스팍스
40. 청년의 시기를 어떻게 보낼 것인가 (영문판: How to Live Out Our Youth) ··· 하진승

✻ 네비게이토 소책자 시리즈 ✻

41. 약속을 주장하는 삶 ·· 덕 스팍스
42. 경건의 시간을 갖는 법 ······················· 워렌 & 룻 마이어즈
43. 개인의 중요성 ··· 론 쎄니
44. 헌신 ·· 로버트 보드만
45. 내가 배운 교훈들 ······································· 오스왈드 샌더스

46. 하나님의 말씀은 ·· 하진승
47. 현숙한 여인 ··· 신시아 힐드
48. 어떻게 친구를 사귈 것인가 ························· 제리 & 메리 화이트
49. 외로움을 느낄 때 ·································· 엘리자베스 엘리엇
50. 하나님께서는 당신의 직업을 귀히 여기신다 ········· 셔먼 & 헨드릭스

51. 자녀의 자부심을 키워 주는 법 ············ 게리 스몰리 & 존 트렌트
52. 직장 생활에서 낙심될 때 ······························· 덕 셔먼
53. 스트레스를 다루는 법 ·································· 단 워릭
54. 서로 의견이 엇갈릴 때 ······················ 잭 & 캐롤 메이홀
55. 그리스도인의 삶의 올바른 동기 ··· 하진승

56. 나를 기뻐하시며 사랑하시는 하나님 ···················· 룻 마이어즈
57. 제자삼는 삶의 동기력 ·································· 짐 화이트
58. 기도 - 보이지 않는 적과의 싸움 ···················· 제리 브릿지스
59. 효과적인 간증 ··· 데이브 도슨
60. 감격하며 살아야 할 그리스도인 ································ 하진승

61. 믿음의 경주 ··· 잭슨 양
62. 사도 바울의 영적 지도력 ······························· 오스왈드 샌더스
63. CARE (서로 보살피는 부부) ··· 하진승
64. 참 특이한 기도 (PPP: Pretty Peculiar Prayers) ················ 하진승
65. 모세의 순종 ··· 웡킴톡

66. 상급으로 주신 자녀 ··· 하진승
67. 하나님께서 쓰시는 사람 ······························· 월터 헨릭슨
68. 기도의 본 ································· 워렌 & 룻 마이어즈
69. 다윗의 한 가지 소원 ······································ 조이스 터너
70. 생명을 구하는 삶 ·································· 피터슨 & 드렐켈드

71. 순종의 축복 ··· 마르다 대처
72. 참 좋으신 하나님 아버지 ·· 리로이 아임스
73. 하늘에 보물을 쌓는 삶 ································ 잭 메이홀
74. 거룩: 하나님께 성별된 삶 ······························· 헬렌 애쉬커
75. 가정의 중요성 (영문판: Importance of Home & Family) ······ 하진승

76. 날마다 제 십자가를 지고 (영문판: Taking Up the Cross Daily) ······ 하진승
77. 제자의 올바른 태도 ···································· 론 쎄니
78. 주님의 부르심을 따라가는 삶 ··· 하진승
79. 견고하게 평생 지속해야 할 일 ··· 하진승

시대의 요청

―――――――――――――――

1986년 4월 7일   초판 1쇄 발행
2012년 4월 20일 개정 1쇄 발행
2024년 3월 25일 개정 4쇄 발행

펴낸곳: 네비게이토 출판사 ©
주소: 03784 서울시 서대문구 연희로 16 (창천동)
전화: 02) 334-3305(대표), 334-3037(주문), FAX: 334-3119
홈페이지: http://navpress.co.kr
출판등록: 제10-111호(1973년 3월 12일)
ISBN 978-89-375-0348-1 02230

본 출판사의 서면 허락 없이는 본서의 전부 또는
일부의 무단 복제, 또는 원문에 대한 무단 번역을 금합니다.